엘리베이터

이기성 시집

실천

엘리베이터
실천 서정시선 093

초판 1쇄 인쇄 | 2024년 4월 19일
초판 1쇄 발행 | 2024년 4월 25일

지 은 이 | 이기성
발 행 인 | 이어산
기 획 · 제 작 | 이어산
발 행 처 | 실천
등 록 번 호 | 서울 종로 바00196호   등 록 일 자 | 2018년 7월 13일
           | 진주 제2021-000009호 | 2021년 3월 19일
서울사무실 | 서울특별시 종로구 율곡로 6길 36
            02)766-4580, 010-6687-4580
본사사무실 | 경남 진주시 동부로 169번길 12, 윙스타워지식산업센터 A동 705호
            055)763-2245, 010-3945-2245 팩스 055)762-0124
편 집 · 인 쇄 | 실천

ISBN 979-11-92374-47-5
값 12,000원

* 이 책은 전부 또는 일부 내용을 재사용하려면 저작권자와 '도서출판 실천'의 동의를 받아야 합니다.
* 이 책의 국립중앙도서관 출판예정도서목록(CIP)은 서지정보유통지원시스템(http://seoji.nl.go.kr)과 국가자료종합목록시스템(http://www.nl.go.kr/kolisnet)에서 이용하실 수 있습니다.
* 잘못된 책은 교환해드립니다

엘리베이터

이기성 시집

■ 시인의 말

시를 불러낸다는 것은

저 깊은 존재의 바닥에서 잃어버린 나를

찾아가는 것

아직은 덜 익은 과일을 세상에 내놓습니다.

_ 이기성

■ 차례

1부
홍매화

오체투지　12
홍매화　13
봄　14
금호지는 변신 중이다　15
물수제비　16
동심원을 그리다　18
숲　20
합제골 할머니　21
이별　22
엘리베이터　23
나무　25
벽화　26
생각　27
너와 내가 가슴 맞대고　28
이별　29
봄　31
합제골의 사계　32

2부
합제골 입술

노을	36
유월 마지막 밤	37
금호지	38
모서리	40
수행자	42
합제골 입술	44
동안거	45
거리의 사람	46
가을은 깊어만 가고	47
가을이 오면	49
이별	50
푸른 눈물	51
금호지의 오후	52
길	53
홀로서기	54
창작	56
애기똥풀	58

3부
밀레니엄 캡슐

비	62
소문은 연기처럼	63
부활	64
이별	66
광야	68
그날	70
금호정사	71
달	72
겨울나무	73
아파요	74
합제골의 눈물	75
길 위에 있는 사람들	76
탁구공	78
단풍	80
밀레니엄 캡슐	81

4부
흑백사진

M에게 86
목련 87
노마드 88
봄비 89
봄이 온다 90
레퀴엠 91
고희 93
꽃샘추위 94
흑백사진 95
다시, 몽골 96
목련 97
새가 시어를 물고 99
복사의 은총 100
진주 101
스마트 폰 103
내가 아닌 나 104
금호지의 풍경 106
시집해설 108

1부

홍매화

오체투지

잔설 위에
화석이 된 발자국
봄이
날갯짓하네

홍매화

기다리지 않아도 온다

기어이 오고야 만다 어두운 밤 불 밝히고 잔설이 산기슭을 흔들어 깨우며, 더디게 더디게 봄이 온다 우리의 차가운 가슴 헤집고 길 위에 눈물짓는 사람들아, 지리산을 바라보며 통곡하는 사람들아, 황토물 바라보며 우는 사람들

그땐 난 몰랐지

홍매화 눈시울 붉히면
봄이 오는 줄

봄

합제골에 봄이 왔다. 봄을 맞이하는 것들은 아무것도 버릴 게 없다. 텃밭에는 고라니 뛰어놀고, 물소리 들리고 몽상이 꿈틀거리는 봄이 왔다. 먹이 찾던 새들은 고양이 눈빛에 놀라 자릴 피한다. 산 그림자 보며 자라난 봄이 왔다. 개울 소리 들리고 강아지 짖어댄다. 봄의 발자국을 알고 있을까. 여전히 앉아 있는 버드나무처럼 꼬릴 흔들어댄다. 잡초도 온갖 이미지로 다가와 자릴 잡는 봄. 새들이 찾아와 시인의 감성을 쪼아대는 봄이 왔다.

금호지는 변신 중이다

겨울 여행을
마친 날갯짓에 파문이 인다
소문이 소문을 덮고
오늘의 물결에 어제가
지워지는 금호지 늘 낯설다
물새가 자맥질하는 호수
거울에 비치는 내 얼굴처럼
과거와 현재가 만들어낸
호수의 표정
나날이 변신하고 있다
산책길 나선 이웃들의
발걸음에 잠 깬 버드나무
창을 열고 부스스한 소문
흔들고 있다 물새의 날갯짓에
수양 버드나무
삐죽이 거울을 보고 있다
봄의 관자놀이가 뛴다
호수는 변신 중이다

물수제비

봄비는 아직
울음이 남았나 보다

파크골프장에 가던
발길이 멈추었다 빨간 불이다
이 책 저 책 뒤적이다
아내 호루라기 소리 들었다
위험 신호
합제골에 시래기 가지러 가자는
경고
아내 시키면 시키는 대로
순종은 이렇게 즐겁다

밀가루 반죽 그릇이 보인다
속으로 비 오는 날
수제비 맛있겠다
침 넘어 가는 소리 들린다
기대했지만

막걸리
해물파전도 없는
쓸쓸한 점심이다

창밖을 보니 봄은 아직
징검다리 건너듯
흐느끼고 있다

동심원을 그리다

손수레를 끌고 온 아이
물 밖으로 얼굴을 드러내는
저물녘
붕어빵 천막을 본다
이리 뒤집고 저리 뒤집고 붕어가
동그란 물결을 굽고 있다
동그라미 하나에 또 동그라미 하나
잘도 재주를 부리다가
붕어빵 장수의 미늘에
비늘 벗겨진,
세 마리에 이천 원 하는 붕어
구겨진 손으로 빵 한 개를
살며시 잡았다가 놓았다가
눈동자를 굴리다가
아이는 꼬리를 살큼 베어 먹었다
팥의 여운에
살짝 눈을 감는 아이
나머지 두 마리를 실은 손수레

덜커덩 미각을 깨운다 붕어빵은
아픈 할머니의 저녁
할머니와 아이의 중심인 수레
수레는 폐지처럼 꼬리 흔들며
심연의 언덕을 오른다
지금 아이의 눈썹엔
물고기 비늘 같은
창백한 노을이 걸려 있다

숲

깊은 강을 향해 발을 뻗고 있는 나무들. 숲은 무릎 하나 당겨본다. 아무도 흔들 수 없고 바람만이 할 수 있는 전위행위. 나무의 혈관은 만질 수 없고, 얇은 숨을 느낄 수 있다. 이따금 바람이 내 머리칼에 달라붙었으므로 나는 치유된다. 성찰과 긴 호흡으로 내면의 강에 발 담근다. 바람이 내 혈관을 간질이며 옹달샘으로 나를 데려간다. 보름달은 샘에 몸을 씻고 더 맑은 얼굴로 숲을 바라본다.

내 혈관에 수액이 돋아난다. 고요한 숲을 나는 안는다. 숲은 어머니 같다. 나는 무릎을 꿇고 숲을 숭배한다. 보름달이 뜨면

합제골 할머니

금산면 합제골에 봄이 오고 있다. 고라니 뛰놀고 새순이 돋아나는 합제골에 구순의 호기심 많은 할머니 계신다. 밤에는 달빛과 놀다가 낮에는 햇빛을 이마에 얹고 작은 호미 하나 들고 텃밭에 가신다. 할아버지 발자국을 더듬으면서 봄이 오는 속도와 방향을 캐고 있다. 곁에서 재롱떨던 고양이도 꼬리로 길목에 비질한다. 할머니 소쿠리에 약봉지처럼 빡센 숨만 담겨 있다. 할머니의 미소에는 천국이 묻어 있다. 긴 그림자 앞세우고 마실 나서는 할머니

이별

정령치에 올라 먼 길 나선 친구야. 운동장에 아이 표정 사라지듯 소리봉 바람에 재 한 줌 떠나네. 무지개 꽃 사이로 너의 웃음 실려 가고, 소리봉 새들도 화답하네. 천국 가는 길, 잘 가시게 친구야. 깡마른 나무들도 가슴 열고, 흐르는 물이 소리 없는 교향곡이 되었네. 잘 가시게 친구야. 한 줌의 재 다시 흩날리자, 너는 흰 두루마리 입은 학이 되어 춤을 추었지. 훨훨, 소리봉 바람 따라 먼 길 떠난 친구야. 메마른 하얀 머리카락처럼 잘 가시게. 안녕

엘리베이터

사각 링에 발자국 모여든다
종이 울린다
연습도 없이 부리로 쪼아대듯
나는 긴장 속에 고개를 숙인다
고독해진다
자칫 천 길 낭떠러지
깊은 침묵 속으로
감시 카메라는 돌아가고
종이 울리자
철가방 들고 땀을 훔치는 사내
멋진 챙모자에 장밋빛 입술
거울 보는 아가씨와
책가방 둘러메고
엄마 손을 잡은 아이
나는 숨을 죽였다
사각의 링 시합은 계속 된다
온종일 외길만,
육중한 몸 공중에 매달려

계단 말고 엘리베이터
너와 나 음표를 나눈다

나무

오래된 기억을 만질 수 없지만 한 해에 동그라미 하나만 그리며, 저 어둠을 향하여 발을 뻗네. 수많은 파문을 길어 올려 이웃을 바라보네. 아침 이슬과 별빛과 바람이 키워내고 지켜준 나

사하라, 매미, 루사도 만났지.
천둥소리와 뿌리의 흐느낌

앞질러 가던 새들은 상처를 만질 수 없는 내게 혼자 되는 게 두려운 내게 다가왔네. 수천, 수백만 개의 별을 바라보며 동심원을 그리며 나는 내 품을 키우고 있지.

벽화

나는 묘사하고 있네. 색깔에 관해 편편이 이야기하면서 화폭을 채우고 있지. 분위기는 어떤 처리를 해볼까. 화려한 외출이라고 하자. 늘 그랬듯이 너의 실체는 어디 가고 무엇만 남았는지 늘 돌아온 건 속 빈 강정이야. 길거리 화폭처럼 너는 세상을 흔들고 혀가 꼬이도록 현혹해 보지만 우린 다 알고 있네. 너만 모르고 다 아는 짓이지. 파스텔 가루는 날리고, 벽에 걸린 너의 실체는 아무도 설명하지 않네. 길거리 화폭도 급이 있다는 걸 모르는 이들도 있지. 그림에도 은유는 있고말고.

생각

빼꼼히 들여다보고 어디론가 가버린다

한번 토라지면 열병을 앓아눕는다 앓다가도 쉽게 일어서기도 하고, 나았다가도 또다시 앓아눕는다 한 번 붙잡힌 실타래 놓지도 못하고, 천 조각 이리 저리 붙이고 세월을 짚는다

부드러운, 부드러운

사막을 걷다가도 푸른 숲속을 거닐고, 한 올 한 올 꺼내니 새들이 날고 꽃이 피어나고 수채화가 되고 강물이 흐른다 천 길 낭떠러지에도 꽃을 피우고, 깊은 침묵 속에

난 너에게로
넌 날 가득 채우며

너와 내가 가슴 맞대고

새들은 자유롭다
바람 부는 대로
날고 싶은 대로 난다
달갈이 하지 않는
날개 어디 있는가
세찬 바람에도
경계를 넘나드는 새
꽃 피고
새들이 노래하면
돌멩이를 내려놓고
아무런 제약 없이
너와 내가 손잡고
가슴 맞대고 싶다
같은 햇빛과 달빛 아래서
서로 이름 부르며
비둘기도 그려보고
시 노래하고 싶다
새들처럼

이별

호수에 빠진 달은 하모에게
전설을 들려준다
매미의 울부짖음
귀뚜라미 소리
작은 풀벌레의 협연
벚나무 잎은 벌써 취객처럼
퍼져 앉았다
립스틱 붉게 칠한 소나무는
목도리하고 길을 나선 여인 같다
하모는
계절에 아랑곳하지 않고
안개를 뚫듯
떠나간 잎과 풀벌레와 취객의
아픔을 알고 있다
금호지를 질주하는 별
매미의 목쉰 소리
전봇대에 걸린 전단지
금호지의 가을은

내 삶을 응시한다
어스름을 뚫고 어둠을 넘어

봄

바람이 분다 어디서 오는지 모를, 긴 침묵의 시간을 열고 봄이 온다 하늘 땅이 입맞춤하고 강과 산이 손에 손을 잡고 춤을 춘다 덩실덩실 바람이 분다 바람이 분다 놀란 개구리눈에 방울이 달렸다 개울 소리 들린다 사람이 온다 사람이 온다 버들강아지 물소리 들으며 춤을 춘다 내 입이 피어나고 네 입도 피어난다 존중과 사랑이 피어난다 모두 춤을 추자 덩실덩실 춤을 추자 내 마음이 기우는 사람 바람 되어 온다 나는 언제 희망의 바람이 되었든가

합제골의 사계

내 마음엔 아름다운 빈방 하나 있네. 거칠다가 매끄럽고 밝다가 어두운 방이 있네. 봄이면 산수유 핀 정원에 당신과 차 한 잔 나눌 방 하나 있네. 뜰을 거닐며 여름이면 녹음 짙은 나무 아래 당신의 팔베개로 오수에 젖고 싶네. 낙엽 지는 가을이면 깊은 상념에 빠져 삶의 의미를 생각하고 남은 생을 고민해 보고 싶네. 하얀 눈 내리는 겨울밤이면 모닥불 피워 놓고 밤새워 옛 추억을 내 마음의 빈방에 쌓고 싶다.

2부

합제골 입술

노을

서쪽 하늘엔 붉은 입술
지워버린 뒤
어둠이 한 뼘 다가왔다
새들은 둥지를 찾고
길 가던 아이는 엄마 뒤를
바짝 따라붙는다
송백 구장 어르신들
공을 굴리다가
하나둘 어둠을 펼친다
농부의 입술이 붉어지자
꿈이 한 방울씩 흐르는
물가로 간다 호미를 들고
이제야 쉼 한 뼘 주어진다
거리엔
바퀴를 굴리고 있다
둥지 쪽으로

유월 마지막 밤

새들이 날아갔다
햇살 아래 꾼 꿈 같이
내 무딘 가슴에도 깃털은
젖었다 참으로 예쁘고 귀여운
자녀를 잃은 부모 마음은
어떨까 어른의 부주의와
잘못된 삶 고스란히 안고
날아간 유월 마지막 밤
맑고 아름다운 영혼이여!
그대들은 천국에서 만나리라
지금은 슬픔이어도
그때는 힘껏 날갯짓하리라
촛불 끈 거리엔 눈망울
초롱초롱 빛나리라

금호지

어제와 다른 물결이 창을 연다.

밤새 잠 던 새들이 가장 먼저 작은 소리를 낸다.
아직 금호지의 불빛 가로등은 꺼지지 않았는데
새소리는 점점 소프라노 음으로 올라가면서
떼창으로 아침을 깨운다.

새들은 노래하네.
아침이 있다는 건 어제와 또 다른 오늘이 있다는 걸

누구에게나 똑같이 주어지는 아침
이 아침이 나는 설렌다.
오늘은 어제와 다른 숨어 있는 보물 같은 일

매일 다르기 때문에 우리의 삶은 매혹적이다.

나는 매일 아침 작은 촛불을 밝히며 소망을 얘기한다.

인생은 잠깐이다.

서로 다름을 인정하고
편견 없는 세상을 염원한다.

모서리

바람 불지 않아도 쓰러지고,
바닷물이 없어도 가라앉는다
거리에서 바다에서 푸른 낙엽이
잊힐 수 없는 기억을
허공에 매단다
통곡의 소리 하늘을 가르고
눈물은 강이 되어 가슴 적신다
연극 같은, 연극 같은 이야기
현실인지 아닌지,
관이나 열쇠 구멍이 보이는
아! 미움보다 분노보다
허망한 세상

공중에 매단 어미 마음 누가 알까
사람 사는 세상이 아닌 세상이다
오늘 나는 창을 꼭 닫고 울다가
지쳐 잠들고 싶다
다시 사람 사는 세상이 오면

깨어나겠지
봄이 오면 다시 일어나겠지

수행자

침묵의 언어로 말하는
바람이 사제처럼
자운영꽃을 불태웠다

만물이
겸손의 옷을 입은 숲

배곯은 고라니가
지나간 푸른 숲은
정제된 언어로
나직이 속삭이고
새들도 낮게
합제골을 비행한다

땅속 깊이 잠든 미물들도
자신을 정화하며
묵은 수행중이다
자운영이 내 발바닥을

꼼지락거린다 나도
그 길에
동행하고자 한다

합제골 입술

고라니 울음에
별빛이 입술에 내려앉았다
울음 스쳐 간 이파리엔
마을의 서사가 줄줄이
기록되었다
까닭 모를 올가미처럼
밤마다 목덜미를
칭칭 감고 있는 이야기
꼼짝하지 않고 응시하면서
목말라 왔든지
배를 채우러 왔든지
알 수 없다 남겨진 것은
검은 허공뿐이다
이야기 부스러기를
입술에 묻히고 있을 녀석
굶주림으로 뱃구레
꽉 찬 녀석을 위해
입술에 초록 이야기가
돋아나기 시작했다

동안거

침묵의 언어로
화려함을 벗고
겸손의 옷을 입는다

마알간 마음으로
하늘 향해
발갛게 벗겨진 채로
팔 벌려
온몸으로 기도를 올린다
나는 나다

구도자의 자세로
찬바람 맞으며
쉼 없이 빈 마음으로
세상의 평화를 위해

봄이 오면
새들의 안식처 되고
길손의 쉼터가 되리라

거리의 사람

상처투성인 세상
십자가를 지고
세상 한복판을 걷는 이가 있다

폭력과 두려움
전쟁과 기아

세상의 아픔을 온몸으로 마주하고
골고타 언덕을 오르는 이 있다
거리의 저 위대한 사람들 길 위의 사제다
나도 길거리에 작은 돌멩이 하나 들고 있다
더 나은 세상이 오기를
초롱초롱한 눈망울 보며

봄이 오면, 새봄이 오면 오열하는
어미의 마음도
눈물 마른 아비의 야윈 어깨에도
비둘기 앉아 하늘을 날겠지
그날이 오면

가을은 깊어만 가고

운동장 모퉁이 접시꽃 피고
진 꽃가지에 잠자리 노닐다가
푸른 하늘로 날아간다

햇볕을 가득 먹은
얼굴 붉힌 감들도
계절을 가득 머금고 있지

석류는
색시 볼처럼
곧 터질 것처럼
울타리 뒤에 숨어 좁은 공간으로
모여드는 햇살을 훔쳐본다

먼 산은 무지갯빛으로 달려오고

운동장 울타리에
바람 빠진 축구공과 함께

가을은
소리 없이 깊어만 간다

가을이 오면

작은 낙엽 한 장 주워
그리움이라고 쓰고 싶다
지나친 표정이 물결로 다가오네
문득, 먼저 간 친구의 표정이
실루엣으로 내려앉는
금호지
나는 간절함이 묻어 있는
향기를 향해 손바닥을 펼쳤다
세상 얘기를 다 알고 있는 듯한
환한 미소를 머금은 친구
별빛으로 다가오네
나는 눈 지그시 감고
이야기에 간절함을 더하고 붙이고
작은 낙엽 위에
인연이라고 쓰고 싶다

그리움을 실어
나는 가을 향기를 띄워 보낸다
당신에게로

이별

하모는 보름달처럼
빙그레 웃으며
금호지의 속내를 전한다
한낮의 매미
작은 풀벌레
시적 화음으로 협연한다
금호지엔 그림자가 길어지고
떠날 채비한 가지는
몸을 털어댄다
벚나무 잎은
대낮 술 취한 실직자처럼
주저앉았다
불그스레한 이파리
음유 시인이 되어
내 마음 물들이고 있다

푸른 눈물

푸르름이 출렁거리던
늦가을 밤
159개의 별이 떨어지고
세상은 멈추었다.
인간 숲으로 겹겹이 쌓인
푸른 주검
꽃 진자리엔 아빠의 피맺힌
절규와 푸른 눈물이
뚝, 뚝, 뚝
통곡의 강물이 되고
세상은 지옥이다.
연옥을 떠도는
한 맺힌 저 영혼

금호지의 오후

늦여름은 가을에게
자리를 내어주기가
싫은 모양이다
한낮의 찌는 더위는
식을 줄 모르고
연신 목마름을
금호지의 오후는
가을을 기다리며
저녁달을 기다린다
호수의 잠긴 달을
물끄러미 바라보고
얘기하는 하모는
어디로
창을 열고 금호지를
바라보며 저녁기도를
한반도에 긴장이 가고
진정한 평화가 오기를

길

별들의 속삭임과
풀벌레 노랫소리 은은한데
고요는 고독을 더해간다
나는 이 고요함에서
나의 존재를 볼 수 있고
님을 만난다
아침에 다시 태어난 나
어느 시인의 이야기처럼
내 인생도
이제 관자놀이에서
정수리 사이쯤 되었다
삶의 기술을 익혀
늙음이라는
예술작품을 향해 가야 한다
이제는 해질녘의
아름다움을 생각하며
남은 나의 시간들을
축복의
시간이 되게 하고 싶다

홀로서기

나는 한참을 울었다.
여름밤 빗소리에
울음소리 쓸려가고

깊은 밤
홀로 창가에 앉아
서러운 눈물 삼킨다.

아픈 할머니는
간간이 고통을
호소하지만
어쩔 수 없는 법

빗줄기는 더 세차게
무뎌진 마음을
때린다.

산다는 것은 눈물이다.

산다는 것은
홀로서기

창작

시를 쓴다는 것은
아픔이다.
아프지 않고는 한 줄의 글도
뽑아내지 못한다.

누에가 아프지 않고
나비가 되어 날 수 없듯

시를 쓴다는 것은
때론 심한 몸살도
앓는다.
그리고서야 겨우 한 줄의 시가

시가
세상에 나오기까지
산통을 겪기도 한다.

아이스크림을 사러 나간

엄마를 기다리는 아이처럼
시를
애타게 기다린다.

애기똥풀

합제골 텃밭에
노란 별이 떨어진다.
흔들리는 상춧잎 보고 놀란
고라니 달아나고
마실 온 강아지 짖어댄다
내 발걸음 따라 푸성귀
웃음 가득하다.
너와 나 멍든 가슴 속에도
꿈이 돋아난다.

3부

밀레니엄 캡슐

비

피와 눈물로 심어진
나무 실려 나간다
가지가 상여가 되고
장송곡 없이
입 틀어 막히고
패대기쳐지는 나무

침묵의 시간
위선과 가면
종말을 재촉하는 소리
이 땅이 무너지면
어떻게 살아갈까

이 슬픔을
하늘은 아는지 모르는지
하염없는 비만 내리고 있다

소문은 연기처럼

예약 손님은 모여들고 청담동 첼리스트 연주를 시작한다. 오선지를 타고 오르는 게 위선과 거짓이라고 포장된 소문이 소음과 뒤섞인다. 누구는 탈을 쓰고 코를 씰룩이고, 누구는 폭탄주에 찌들어 노래한다. 높은 빌딩을 바라보며 길게 담배 한 모금 빨아 당기는 대리기사. 소문은 젓가락 사이로 빠져나온다. 귀청을 때리는 노랫소리에 참과 거짓이 버무려져 있다. 아직 봄은 올 기미가 없다.

부활

사람들 사람들은
방황하고 있다
어디를 가야 할지
바람이 가리키는 곳을
보지 않는다

날지 못하고
웅크리고 앉아 주먹밥으로
허기를 채우고 있다

배부른 돼지는
더 먹을 것을 찾아 헤맨다
마치 항아리 가득한 곳에
코끼리가 짓밟듯

바람이 가리키는 곳에
내 발자국 딛는다
예수 없는 십자가를 지고

골고타 언덕을 향해
내가 그곳에 박힌다
그때 바람 부는 방향으로

이별

한낮의 매미소리 베이스 음이 되고
밤새 귀뚜라미가
높은 소프라노 음으로 노래하고
작은 풀벌레는 멋진 화음으로 협연한다

호수에 달님은 빙그레 웃음지며
하모에게 다가와
아득히 먼 세상의 전설을 말해준다

작은 가지에서는 가을이 익어가고
힘없이 떨어진 벚꽃 나뭇잎은
벌써 술에 취한 나그네처럼
철썩 주저앉았다
립스틱 붉게 칠한 소나무는
목도리하고 새벽길 나선다

금호지는
지난여름을 붙들려 하지 않고

가벼운 걸음으로 새벽길 나선다

가을은 맑은 호수에 세수하고
정갈한 마음으로 아침을 맞는다

금호지의 가을은
내 마음을 벌써 물들이기 시작한다

광야

누군가 외치는 한 소리
황량한 벌판에 홀로 선 당신
세상을 향한 외침
메아리로 돌아온다

외침을 듣고
빈들에 돌아선 당신
온몸에 붙어있는 죽음의 그림자
끊어 버리고 말겠다고
천 길 낭떠러지 선 당신
사십일 걸음하고 광야를 나선다

광야를 지나
허기진 배를 움켜잡고
초롱초롱한 눈망울로
세상을 바라본다

광야에는 물이 다시 흐르고

새순 돋아나고
꽃이 다시 피고 새들이
창공을 난다
부활의 몸짓으로

그날

아이의 눈빛은
꽃망울
지금 무엇을 생각하고 있을까
가끔 두려운 눈빛으로
나를 바라보다가
어떨 땐
해맑은 웃음으로 내게 다가오는
무엇을 담고 있는지 몹시 궁금한
알 수 없는
꽃봉오리
행운처럼 피어오르던 날

금호정사

은초 선생의 현판이
달처럼
나를 반기네
수많은 꽃과 마로니에 나무는
지친 자의 쉼터가 되어주네
그러니까
우리 문화가 꿈틀대는 곳
역사가 활활 타오르는
참나무 장작불
별들이 모두 살아있는 밤
그러니까
거문고 소리와 오카리나 소리엔
과거가 보이고 미래가 보이네
금호전통예술원 원장님의 춤사위는
나를 무아의 세계로 데려가네
와인 잔에 담긴 달

달

언제
호박을 매달았을까
홀로 사는
할머니 지붕
환하게 외등이 비치네
꿈길 밝혀 주는
누렁덩이

겨울나무

하늘 향해 팔 벌려 기도하는
말간 얼굴로 동안거 중인
너는 수도자
소복 입고
침묵의 언어로
봄의 향기를 기다리는 심정으로
너는 생명의 물을
길어 올려 여린 잎 내네

들꽃들의 향기로
천국을 불러오고 벌, 나비 춤추고
새들의 노래 교향곡이 되지
네 모습이 내 눈에 뒤엉킨 채
너는 말없이 기도를
올리고 있네

아파요

봄이 오면 너무 아파요. 저 심연의 골짜기 무너져 내리는 가슴 안고, 봄을 기다리는 마음 너무 아파요. 새들은 웃고 날갯짓하고 꽃들은 세상을 피워내지만, 눈물 메마르지 않은 이유 무엇일까요. 골짜기마다 웃음 넘쳐흐르지만 봄은 아직 나에게는 멀어져 있네. 꽃이 피고 새가 노래하지만 난 봄을 기다리지 않을 거예요. 눈물 멈출 때까지

합제골의 눈물

눈이 길을 갉아먹고 있다. 합제골에서 먼 산 바라보면 와락 눈물이 난다. 하늘 나는 새를 봐도 눈밭에서 들리는 고라니 울음에 눈물이 난다.

우크라이나
이스라엘. 하마스
이태원의 울부짖음도

노을이 빠져나가는 것처럼 붉은 눈물이 되어 가슴을 적신다.
명동성당의 종소리도 봉은사 풍경소리도 슬피 들린다. 눈은 모든 걸 덮는다. 영역 구분 없는 새처럼 살아가자. 새들이 눈물 흘리지 않도록, 좋은 결말을 맺는 할머니 이야기처럼

길 위에 있는 사람들

어디가 시작이고
어디가 끝인가

통곡의 소리 그치고
눈물도 메말랐다
피지도 못한 꽃들
설움이 한이 되어
하늘에 닿았다

사월이 너무 아파서
시월이 너무 서러워

오늘도 길 위에
넋을 잃고 우는 자여
용기를 내어라
나도 함께 울고 있다

더는 길이 없어도

길을 내는 사람들 있다
함께 이 길을 가자

길 위에 있는 자여
용기를 내어라

탁구공

네모난 바다 위에
실금 하나 그어져 있다
그녀는 바다 깊숙이
헤집고 나온 별
그물망 가로질러
하얀 작은 탁구공
푸른 물결 일렁일 때마다
가슴은 조마조마 공이
그물망 수없이 넘나든다
바다를 출렁이게 하는 별
내 코끝이 찡하고
가슴이 불탄다
눈가에 이슬 맺힌다
대한민국
대한민국
네모 난 바다
작은 공 하나가
가슴을 두드릴 줄이야

번쩍 지구를 든 것처럼
가냘픈 두 손 치켜든 너
대한의 딸

단풍

가을이 눈물을 흘리고 있다. 붉은 눈물, 광화문에 흘리고 있다. 푸른 주검이 겹겹이 쌓인 틈으로 낙엽의 통곡, 가슴팍 적신다. 만주벌판을 호령하던 홍범도 장군도, 팔각모 사나이도 은둔자도 마른 눈물 흘리고 있다. 숱한 낮과 밤에 누가 이 아픔을 거두어 줄 사람 없나요. 벼랑 끝 삶에 꽃을 피울 수 있을까.

밀레니엄 캡슐

오일장이다
시대를 넘나든 각설이와
뻥튀기 할아버지 왔다

캡슐을 앞에 둔 마법사
호각을 불었다
순간 밀레니엄 캡슐이 터지며
별 과자 쏟아지고
동화책이 펼쳐지고
발음 다른 언어로 마법사는
노래한다

캡슐 주변에 아이들 모여든다
어떤 애들은 귀를 막고
눈이 큰 아이는
눈을 지그시 감고
또 다른 마법을 기다린다

고소한 냄새에
혈통이 다른 강아지 달려들어
캡슐 속 동족이라도 찾는 듯
코를 박아댄다

마법 속에 서성이던 아이들
각설이 타령에
오일장을 뒤흔든다
별 부스러기 한 움큼씩 쥐고

4부

흑백사진

M에게

바다는 찰싹찰싹
귓속말 하네 애무하다가
다시 오른쪽에서 왼쪽으로
무섭게 돌진하기를 수없이
반복하고 물러가네
내 가슴 속에 배가 요동치네
입술과 입술을 붙들고 있는
바다는 등대를 보고
고함을 치고 위협하지만
당당한 등대는 언제나
왼쪽에서 오른쪽으로
지치지 않고 따스한 눈빛으로
도전에 응하지 등대의 불빛은
절망적인 순간이 오더라도
새벽을 자아올리네
내 마음의 등대는

목련

누가 못을 박았는가
검게 녹슨 멍
그는 언덕 위에 몸을 떨었네
이내 정수리에
생각이 돋아났네
꽃 져도
비린내 나지 않는

노마드

시인은 자유인
우는 아이 웃게 하고
마른하늘에 비 내리게 한다
새가 되고
장미꽃이 되기도
몽골의 하늘과 별을
당신에게 당장 줄 수도 있다
김시민 장군도 의기 논개도
윤동주도 천상병도 만날 수 있다
시인은
날개 없는 자유인
심오한 세계에
집을 짓지 않고도
평안하게 살 수가 있다
촛불 같은 상상력으로

봄비

대지는 초록을 빨고 있다
촉촉하게 젖어오는 속살
배는 불러오고
아기들의 발차기는 여기저기서
시작된다

봄비는 속살을 드러낸
대지에 젖을 물리고 있다
젖을 실컷 먹은 작은 생명들
웃는 얼굴로 세상에 나오겠지

나는 창을 통해
아이들을 부르고 싶다

봄이 온다

싸릿문 열고 봄이 온다.
빼꼼히 밖을 내다보는 고양이
후다닥 봄을 훔치려 한다.

할아버지 발자국에도 봄이 묻어 있고
등이 굽은 할머니
작은 호미에도 햇살이 닿았다.
달래 냉이 소쿠리에 봄을 담았다.

바람 따라 봄 내음이
옷깃에 붙어 다녔다.
싫지 않을 정도로
합제골 봄은 이렇게 온다.

레퀴엠

황톳물 바라보며
한 사내가 울고 있다
다시 돌아오라고

강물이 울고
바닥이 울고 있다
강물에 국화 한 송이 보내고

깊이를 알 수 없는
강을 걸었다
팔각모 사내 다 모여 울고 있다
단조 풍으로 흐르는 강물

세상의 부조리를 실어 보내며
강물은 탄식한다
사건의 흐름은 급물살 탔다

내 아들아

목놓아 부르는
어미의
목마른 눈물을 모아서

고희

길가다가 문득
다른 매듭이 만져지네.
사랑하는 당신
하나의 별 하나 떠 있네.
세상은 칠흑같이 어두운데,
부지런한 몸짓은 앞산을 넘고
모진 바람도 잠재우고
불투명한 길을 잘도 걷는 당신
당신은 여기까지 잘도 왔네.
구름처럼 흘러간 옛이야기
이제 여기 몸 하나 기댈
햇살 머금은 과일과 농익은
향기가 있는 쉼터 하나 있지.
아직은 서쪽 하늘에 별 하나가
7부 능선을 넘어가고 있네.
사랑하는 당신

꽃샘추위

밀물과 썰물이 만들어내는 왈츠
잠을 깨우고 너를 깨운다
물 땅 불 공기 등이 이루어지는 봄날
아름다움에 흠뻑 젖은 초록의 대화에
꽃샘바람이 존재감을 드러낸다
저 멀리 물러나는 파도 같은 추위
다시는 오지 않으리라 생각했는데
결국 밀려오는 봄
진정한 봄은 오는 것일까

흑백사진

천년의 세월 견뎌 낸
합제골 팽나무
새들은 꿈을 향해 날갯짓하네
찬바람 휘몰아치고
폭설에 짓눌려도
서쪽에서 동쪽에서 날갯짓하며
천년의 세월 보냈네
바람 스쳐 외로움 달래줄 때
부리로 그리움을 물고
눈물 흘렸네
깊은 밤 달을 바라보며
몰래 잎을 피운 팽나무
목마를 때도 새들은
흩어졌다가 뭉쳤다가
긴 호흡으로 물을 찾았네
홀로 그리움 안고
몽타주처럼 서 있는

다시, 몽골

게르에 불빛만 있을 뿐
별이 보이지 않는다
새 한 마리 날갯짓한다
전쟁의 상처
핵 폐수 방류
슬픔이 되어 별들도
빛을 잃었다
진정 사람이 되어
별들의 다정함을
다시 보라
하늘이 다시 열리고
숨 쉬며 새들이
드높이 창공을 가르는 날
몽골의 별들은
초원으로 내린다
숲에 새들이 노래하는 날
떠날 준비가 된
우리는 자유롭다

목련

누가 멋지게
하얀 드레스를 차려 입혔을까.
앙다문 입술, 미소가
앞집 아가씨를 닮았네.
봉곳 솟아오른 가슴은
나를 설레게 하네.

겨우내 꽃을 피우기 위해
얼음 속 언 발을 견디고,
꽃을 먼저 피우기 위해
얼마나 몸부림쳤을까.

목련화
목련화

잠시 왔다가는 세상
어찌 그리 예쁘게 단장하고
내 앞에 섰느냐

아가씨
나도 언제 너처럼
내 심장을
얼음 속에서 건져볼까.

새가 시어를 물고

창에
빗줄기 부딪히는 소리 요란하다
어디서 온 손님인지 알 수는 없지만
투명한 시어를 물고 창을 두드리는 새

늘 외로울 때면 창밖을 바라보곤 했지

하늘에 큰소리칠 때마다
새가 시어를 물고 창에 부딪혀 운다
문을 여니
새 한 마리 훅 따라 들어온다
초록 물결이 일자
아이들은 춤을 추기 시작했다

새가 그리움과 사랑을 물고 왔다
또 한 마리 새
시를 물고 내 마음의 창을 두드린다
초록은 지는데

복사의 은총

구유에 누우신 아기 예수

세상을 창조하신 님께서
교우들의 손안에 임하시는
놀라운 기적이 일어난다

긴 여행을 하시는 각자에게
그대 마음에 평화 있기를
소망하면서
손을 모으고 서 있다

복사의 은총은 여기에 있다
등불을 밝혀 들고 나가세
우리 가까이
오고 있는 부활

진주

불길이 다가온다
산천초목을 태울

너와 나
한민족 설움이 북받쳐
적폐를 청산할
거대한 불길 되어

가슴을 열고 마음을 열어
동지의 손을 잡고 희망의
대동세상을 만들어 보자

아이들이 즐겁고 행복한 세상
어른들이 갈라져 싸우지 않고
서로를 받아들이는 세상

마음의 불을 놓자
그 불길이 타올라

세상의 그릇됨을 태우자

그 시작점이
형평운동이다

스마트 폰

눈동자는 구르기 바쁘다. 공을 굴리고 총을 쏘고 옷을 벗기고 노래를 부르고 생각하는 건 모두 다 있다. 생각이라는 보자기 속에 쌓이는 금속성, 지하철 안에는 침묵만 흐르고 얼굴은 화석이다. 배움은 멎었다. 검은 비가 내리고 감성의 나무는 자라지 못하고 메말랐다. 웃음소리는 나지만 슬픈 눈물이다. 무서운 기기, 문명의 깊은 병이다. 보자기에 갇힌 새는 더 이상 날갯짓하지 못한다. 멈추어라 날갯짓을 위해

내가 아닌 나

어디를 갔다가 오는 걸까
알 수 없네
내가 여기 있는데
나는 없고 낯선 손님이
자리하고 있네
코흘리개 옹기종기
아랫목에 모여
군밤 먹던
친구 집에 갔다가 오는 걸까
엄마 곁에
갔다가 오는 걸까
친구와 함께 놀던
오두막집에 갔다 오는 걸까
나는 지금 여기에 없네
때론 땅속 깊이 묻힌
보물상자처럼 열어 보였지만
내 마음 머물지 못 하네
찬바람 불어오니

까치가 물고 간
내 마음 알 수 없네

금호지의 풍경

금호지의 수양 벚꽃

플래시를 터뜨리는 것처럼
몸을 맡기고
머릴 흔들거린다

겨우내 꽁꽁 언 발
참아내고 꽃으로 물기를
뿜어낸다
꽃을 피우기 위해
얼마나 참아야 했던가

나도 저 벚꽃처럼
살다가 가면
얼마나 좋을까

바람 부는 대로
가볍게 가는 거라고

금호지의 벚꽃들
가르쳐 주네

■ □ 시집해설

순서정과 이미지 만들기, 그리고 합제골 풍경
- 이기성 시인의 시세계

강희근

1. 들머리

 이기성 시인이 첫 시집을 낸다. 그는 오랜 습작기를 끝내고 시단의 한 자리를 비집고 들어와 목소리를 다듬고 있다. 그 목소리는 현대시가 가지는 순서정과 이미지 기법에서 출발하고 있어서 장차 시인이 세울 시인공화국은 전통과 현대라는 양면에 착실히 착근하고 있음을 예단해 보여준다. 그는 시인의 보법을 매우 신중히 그리고 들러보아 부분이 휘지 않는 평형과 정직이라는 양면의 동전 안팎과 같은 기둥 세우기를 이행해 오고 있어 든든한 출발선에 서 있다고 할 수 있다.

2. 순서정이라는 전통

 그의 시는 말이 쉽고 세계가 순정하여 순서정이라는 민족시의 얼굴을 드러내기 시작한다. 일테면 소월이나 영랑이 찾아낸 순수한 티 없는 정서에 깃들이고 있다.

 바람이 분다 어디서 오는지 모를, 긴 침묵의 시간을 열고 봄이 온다 하늘땅이 입맞춤하고 강과 산이 손에 손을 잡고 춤을 춘다 덩실덩실 덩실덩실 바람이 분다 바람이 분다 놀란 개구리눈에 방울이 달렸다 개울 소리 들린다 사람이 온다 사람이 온다 버들강아지 물소리 들으며 춤을 춘다 내 입이 피어나고 네 입도 피어난다 존중과 사랑이 피어난다 모두 춤을 추자 덩실덩실 춤을 추자 내 마음이 기우는 사람 바람 되어 온다 나는 언제 희망의 바람이 되었던가

 _「봄」전문

 시가 자연이 주는 천혜의 봄을 받아 적기하고 있다. "바람이 불고 봄이 오고, 강과 산이 춤추고, 개구리눈에 방울 달고, 개울 소리, 사람이 오고, 버들강아지 물소리 춤추고, 내 입 네 입이 피어나고, 사랑이 핀다. 마음 맞는 사람 바람으로 온다. 나도 이제 희망의 바람이 되자 봄이 오는 길목에 서서 받아 적기 하고 있는 시인! 따뜻한 봄이 만드는 세계는 거추장스러운 것이 아니라 춤추게 하고 서로 손잡게 한다. 자연이 갖는 섭리의 대잔치다.
 이 시는 다만 소월과 안서가 보여준 민요조는 보이지 않지만 흐름이라는 리듬의 본질에서 하나이다. 시「홍매화」

는 절창이다.

기다리지 않아도 온다

기어이 오고야 만다 어두운 밤 불 밝히고 잔설이 산기슭을 흔들
어 깨우며, 더디게 더디게
봄이 온다. 우리의 차가운 가슴 헤집고 길 위에 눈물짓는 사람
들아, 지리산을 바라보며 통
곡하는 사람들아, 황토를 바라보며 우는 사람들

그땐 난 몰랐지

홍매화 눈시울 붉히면
봄이 오는 줄

_「홍매화」 전문

  이 시는 홍매화를 통한 봄맞이를 일깨우는 시다. 가다리지 않아도 봄은 오지만 "길 위에 눈물짓는 사람, 지리산 바라 통곡하는 사람들, 황토를 바라보며 우는 사람들"은 그 홍매화로 슬픈 역사 앓이를 한다. 이 시를 읽으면 김지하 시인의 '황토'를 떠올리며 처연했던 시대 상황을 감지한다. 민족이나 백성들은 아름다울 때를 맞추어 슬픔과 한에 젖어들게 마련이다. 홍매화로 치면 구례 화엄사의 것이 대표적이라 자연 역사와 지리산 언저리 황토와 그 '길 위'를 연상하게 된다. 이 시는 우리나라 서정시의 근원을 민족의 한과 눈시울에서 찾아낸다. 시인의 서정적 그릇이 크고 넓

다.
 그러나 이 시인의 순서정은 화합과 가슴 하나로 맞대는 세계로 간다.

 새들은 자유롭다
 바람 부는 대로
 날고 싶은 대로 난다
 달갈이 하지 않는
 날개 어디 있는가
 세찬 바람에도
 경계를 넘나드는 새
 꽃 피고
 새들이 노래하면
 돌멩이를 내려놓고
 아무런 제약 없이
 너와 내가 손잡고
 가슴 맞대고 싶다
 같은 햇빛과 달빛 아래서
 서로 이름 부르며
 비둘기도 그려보고
 시 노래하고 싶다
 새들처럼

_「너와 내가 가슴 맞대고」 전문

 세계는 끊임없이 긁히는 LP판처럼 난조이다. 정치도 사회도 국제간도 분쟁과 전쟁이 그칠 사이가 없다. 인간들은 자연에서 나서 자연으로 돌아갈 존재이다. 새를 보며 경계 넘기로 자유로운 날기를 기대하거나 실현해 보고자 하는 것이 상정이다. 그 상정을 가슴에 받아들이는 것이 시 쓰기이고 받아 적기이다. 나는 새도 털갈이 하지만 잠시의 일이고 노려보는 마음에 들려 있는 돌멩이도 본원의 일이 아니다. 같은 햇빛 같은 달빛 아래 산다는 깨달음이 이를 가르쳐 준다. 자연 속 본원의 피조물들은 손잡는 일, 서로 이름 부르기와 서로 그려보는 일이 서로의 노래로 녹이며 합창하는 것임을 안다는 것이다. 그것이 순리이고 전통이다.

3. 시적 이미지와 그 감성의 현대성

시에서 이미지는 시적 현대성을 담보하는 자질이다. 그러므로 시인의 이미지 창출의 능력이 현대 시인인가 아닌가 하는 가늠자가 될 수 있다. 다음 시를 보자.

    서쪽 하늘엔 붉은 입술
    지워버린 뒤
    어둠이 한 뼘 다가왔다
    새들은 둥지를 찾고
    길 가던 아이는 엄마 뒤를
    바짝 따라붙는다
    송백구장 어르신들
    공을 굴리다가
    하나 둘 어둠을 펼친다
    농부의 입술이 붉어지자

꿈이 한 방울씩 흐르는
물가로 간다 호미를 들고
이제야 쉼이 주어진다
거리엔
바퀴를 굴리고 있다
둥지 쪽으로

_「노을」 전문

 이미지는 생각이나 관념 대신에 그를 드러내는 '사물'을 이용하는 것인데 그것이 이미지이다. '서쪽 하늘 붉은 입술', '새들은 둥지', '공을 굴리다가', '부의 입술이 붉어지자', '꿈이 한 방울씩 흐르는', '차들이 바퀴를 굴리고' 등이 이미지이다. 그냥 입말처럼 하는 것이 아니라 그 보통의 입말이 한 벌 형용사 대용의 옷말(사물적 표현)로 드러나 있다. 말맛이 나게 표현해 놓은 것이 바로 이미지이다. 현대 시인들은 이런 사물 찾기에 일정한 능력을 보유하고 있다.
 다음 시는 이미지를 자유자재로 쓰는 달인적 경지를 보여준다.

 빼꼼히 들여다보고 어디론가 가버린다

 한 번 토라지면 열병을 앓아눕는다. 앓다가도 쉽게 일어서기도 하고, 나았다가도 또
다시 잃아 눕는다. 한 번 붙잡힌 실타래 놓지도 못하고, 천 조각 이리 저리 붙이고 세

월을 깁는다

부드러운, 부드러운

사막을 걷다가도 푼 숲속을 거닐고, 한 올 한 올 꺼내니 새들이 날고 꽃이 피어나고
수채화가 되고 강물이 흐른다. 천 길 낭떠러지에도 꽃을 피우고, 깊은 침묵 속에

나 너에게로
넌 날 가득 채우며

_「생각」 전문

 이 시의 제목은 「생각」이다. 관념어 '각'은 사전에 "헤아리고 판단하고 인식하는 것 따위의 정신작용"으로 설명된다. 그 정신작용이 전5연에 전적으로 '변용된 뜻- 이미지'(사물)로 연속되어 있다.

  *제1연- "빼꼼이 들여다보고 어디론가 가버린다" 생각하는 사람의 머릿속 작용 상태를 의인화하고 있다.
  *제2연- 정신작용의 의인화
  *제3연- "부드러운, 부드러운" 또한 정신작용의 형용화다.
  *제4연- 모두 머릿속 작용의 의인화다.
  *제5연- 그 의인화가 나에게서 너에게로 전이되는 상태의 의인화다.

이 시는 그러므로 전체 시가 이미지로 이어지는 이미지 덩어리다. 이런 시를 지적 이미지라 하기도 하는데 이렇게 조준하여 쓰는 일은 쉽지 않다. 그만큼 수련이 세공적 공정을 보인 것이라 할 만하다. 수작이다.

4. 일상의 운동성과 합자골 풍경

이기성 시인의 일상은 운동성에 기반하고 있다. 그가 본격 스포츠맨은 아닌 듯한데, 일상은 운동성에 빚지고 있다.

사각 링에 발자국 모여든다
종이 울린다
연습도 없이 부리로 쪼아대듯
나는 긴장 속에 고개를 숙인다
고독해진다
자칫 천 길 낭떠러지
깊은 침묵 속으로
감시 카메라는 돌아가고
종이 울리자
철가방 들고 땀을 훔치는 사내
멋진 챙모자에 장밋빛 입술
거울 보는 아가씨와
책가방 둘러메고
엄마 손을 잡은 아이
나는 숨을 죽였다

사각의 링 시합은 계속된다

_「엘리베이터」

시는 아침 출근 시간대 엘리베이터 오르내림의 한 지점을 선택한다. 사각 링(권투)의 종소리와 각자 하루시작의 경쟁과 생활전선의 각오를 다지는 입주자들의 발걸음을 선수로 본다. 거기는 중국집 배달원도 있고 멋진 하루를 기약하는 아가씨도 있고 엄마 손을 잡은 학교 가는 아이도 있다. 화자는 평소 사각 링을 의식하는 남자임에 분명하다. 바쁜 일상은 스포츠나 초조한 회전 지속의 간단없는 게임으로 보는, 운동성에 호응하는 현대인이다. 요즘 유행가에 뜨는 계단 말고 엘리베이터 정도를 입으로 흥얼거리고 엘리베이터를 내리는 순간 휘파람을 불 것이다. 그런 의식 속에 화자의 일상이 오버랩 되는, 활력 중심의 운동성을 독자들은 엿본다.

봄비는 아직
울음이 남았나 보다

파크골프장에 가던
발길이 멈추었다 빨간 불이다
이 책 저 책 뒤적이다
아내 호루라기 소리 들었다
위험 신호
합제골에 시래기 가지러 가자는
경고

아내 시키면 시키는 대로
순종은 이렇게 즐겁다

_「물수제비」 앞부분

인용 시에서는 파크골프장 이야기가 나온다. 운동성이다. 이런 저런 일상에 얽혀서 있지만 그 기반에는 운동 내지 체력 향상에 쓰이는 시간이 고개를 내밀고 있다. 시간은 내는 것이고 운동은 격에 맞는 것이면 즐겁게 접수하는 화자를 발견하게 된다. 요즘 파크골프 또는 그라운드 골프가 정년기의 시민들에게 설득력 있게 다가가는 것이 대세로 보인다. 앞에서 본 엘리베이터와 권투경기장 '링'과의 연계가 그렇듯이 운동은 인간 나이테와 근력 제고 의식에 이어져서 현대인들의 필수적인 공간에 필수적인 운동 끼워 넣기가 자연스런 과정이거나 존재의 방식이 된다는 점에 유의할 수 있다. 주변을 살피면 남녀 할 것 없이 연령에 맞는, 갖가지 운동형태가 고층 빌딩 올리기에 주요한 층에 노른자위가 되어 있음을 알 수 있다.

이기성 시인에게는 생활공간에 있어 두 가지 지점이 시야에 바짝 들어와 있다. 하나는 '금호지'이고 다른 하나는 도시 공간 가운데 깊은 골인 '합자골'이다.

겨울 여행을
마친 날갯짓에 파문이 인다
소문이 소문을 덮고
오늘의 물결에 어제가
지워지는 금호지 늘 낯설다

물새가 자맥질하는 호수
　거울에 비치는 내 얼굴처럼
　과거와 현재가 만들어낸
　호수의 표정
　나날이 변신하고 있다
　산책길 나선 이웃들의
　발걸음에 잠 깬 버드나무
　창을 열고 부스스한 소문
　흔들고 있다 물새의 날갯짓에
　수양 버드나무
　삐죽이 거울을 보고 있다
　봄의 관자놀이가 뛴다
　호수는 변신중이다

　_「금호지는 변신 중이다」 전문

　금호지는 월아산을 투영하는 진주 제8경의 거울이다. 새의 날갯짓, 산책길, 단풍들이 호수에 비치는 이웃들의 얼굴들도 함께 하는 중에 과거가 오늘에 쌓이는 중층 변신이 이뤄진다. 계절은 특이하게도 계절의 관자놀이가 뛰는 것이니 휴식은 산책의 의미로 하늘을 받아들이는 명승지이다. 시인의 거주지가 포함되는 전통 농지와 관광의 현장이라 사회 경제적 변신도 쉽게 느낄 수가 있는 곳이리라.
　여기에다 시인의 숨겨놓은 비장의 공간이 있다. '합제골'이다. 「합제골의 사계」, 「합제골의 할머니」, 「봄」, 「물수제비」 등이 합제골 소재로 쓴 시편이다.

내 마음엔 아름다운 빈 방 하나 있네. 거칠다가 매끄럽고 밝다가 어두운 방이 있네. 봄이면 산수유 핀 정원에 당신과 차 한 잔 나눌 방 하나 있네. 뜰을 거닐며 여름이면 녹음 짙은 나무 아래 당신의 팔베개로 오수에 젖고 싶네. 낙엽 지는 가을이면 깊은 상념에 빠져 삶의 의미를 생각하고 남은 생을 고민해 보고 싶네. 하얀 눈 내리는 겨울밤이면 모닥불 피워 놓고 밤새워 옛 추억을 내 마음의 빈 방에 쌓고 싶다.

_「합제골의 사계」 전문

시인에게는 합제골에 빈 방 하나가 있다. 봄이면 산수유 피는 정원이 있고 여름이면 녹음 짙은 나무 그늘이 있고, 낙엽 지는 가을이면 깊은 상념에 빠질 수 있고, 눈 내리는 겨울밤엔 모닥불 피워놓고 옛 추억을 더듬을 수 있는 공간, 그 뜨락 하나의 빈 방이 있는 자리는 아주 풍요로운 골짜기 마을이라는 것이다. 달리 말하면 별장 개념이지만 고급한 정원과 저택이 아니라 시골집이자 마음 놓고 쉴 수 있는 여유로운 평수가 허락되는 공간이다. 그러나 이런 공간은 누구에게나 주어지는 것이 아니고 잘 준비된 공간이므로 알뜰한 가족이 있어서 가능한 것이 아닐까 싶다. 그러니까 시인은 복을 타고 난 가장이요 가족 평화를 누리는 것일 터이다. 가상컨대 기도로 무기를 삼는 평화와 안식이 아닐까 싶기도 하다. 시편들 모두를 대상으로 쓰는 글이 아니라 믿건대 시편들 총편 속에서는 그 신앙적 편린들이 찾아지지 않을까 한다.

5. 마무리

　이기성 시인의 시집은 시인이 갖추어야 할 기본 기법이 교과서적인 표본임을 보여준다. 시인의 몸에 흐르는 순서정의 정서적 밑자리와 현대성으로 잡히는 이미지 기법의 언어놀이적 바탕이 그 습작의 양면 수레바퀴로 굴려나간다. 기초와 기반이 거의 본능적으로 제시되면서 창작의 과정이 마치 정해진 레일 위를 굴리듯 이끌려 나가고 있다. 그러니까 이 시인은 전통정서와 현대적 감성을 고루 갖추는 가운데 시적 습작의 기반을 닦아낸 셈이다.

　그러는 가운데 생활 속의 시라는 일상적 운동성을 확보하고 그 와중에 현대인이 갖는 부족분인 일상의 바깥에 있는 별장 개념의 합자골 공간으로 다리를 놓고 오가는 것이 이채롭다. 독자가 보면 이채로운 것이지만 시인에게 돌아가는 부분은 행복이다. 시인이 이 정도의 저울추를 놓고 형평을 이루는 삶을 산다는 일은 드물 것이다. 드물 뿐만 아니라 시를 동반하면서 그것이 일정 리듬으로 반추한다는 점에서 스스로의 물레로 자아올린 자기 공간의 멋이리라.

　시를 쓰는 시인도 부조리 부조화의 세계에서 늘 맞닥뜨리는 벼랑과 구토와 기침을 나누어 가질 것이다. 그럼에도 첫 시집에서 이룬 기법적 기반과 생활적 균형이라면 그 어떤 외압이나 비순수적 돌출이라도 능히 이겨내리라 믿어 의심치 않는다. 시인의 첫 시집에 거는 기대가 여기에 있다 하겠다.